Pour ma grand-mère Emma.
Céline Claire

Pour Basile et Jules.
Mélanie Allag

Direction générale : Gauthier Auzou
Responsable éditoriale : Marine Courvoisier
Maquette : Eloïse Jensen
Responsable fabrication : Jean-Christophe Collett
Fabrication : Lucile Pierret
Correction : Lise Cornacchia

Loi n° 49-956 du 16 juillet 1949 sur les publications destinées à la jeunesse.
Dépôt légal : janvier 2016
ISBN : 978-2-7338-3963-8

www.auzou.fr

Rejoignez-nous sur Facebook et suivez l'actualité des Éditions Auzou.
www.facebook.com/auzoujeunesse

Hector
et la chasse au trésor

Texte de Céline Claire
Illustrations de Melanie Allag

AUZOU

Ce matin, en arrivant à l'école, Hector est très excité.
Il sait que c'est le jour de la grande chasse au trésor.
Il a emmené son sac d'explorateur : un aventurier
doit être bien équipé.

La maîtresse lui tend un foulard et explique :
« Hector, tu es dans le groupe des rouges,
avec Nina et Mathéo. »

Tout à coup, Hector est inquiet : sera-t-il à la hauteur ?
Il faut dire que Nina gagne toujours, et que Mathéo n'a jamais peur de rien. Ce sont de vrais aventuriers.

La maîtresse explique les règles à tous les groupes et annonce :
« Le premier indice n'est pas au sec. À vos marques ! Prêts ! Partez ! »
Hop ! Tous les enfants s'élancent vers la prairie
à la vitesse de l'éclair.

Sans s'arrêter de courir, Mathéo réfléchit :
« Pas au sec… C'est certainement la cascade ! Allons voir ! »
Hector est essoufflé. Il essaie de courir assez vite pour ne pas se laisser distancer ! Mais son sac à dos pèse lourd.

Lorsque les enfants arrivent devant la cascade, Mathéo soupire :
« Mais on va être trempés si on s'approche ! »

Hector n'a pas de parapluie dans son sac.
Mais s'il y allait quand même ?
S'il essayait de s'approcher de la cascade tout seul ?

Il réfléchit mais il n'arrive pas à se décider.
Il hésite tellement que Nina finit par dire :
« Bon ! Moi, j'y vais ! »

Elle avance courageusement vers la cascade,
et se glisse derrière, en s'exclamant :
« Ouh ! là ! là ! Je suis toute mouillée ! »
Puis, une fois dans la grotte, elle s'écrie tout à coup :
« J'ai trouvé l'indice ! La vieille maison de la forêt
est dessinée sur le mur !

« Bravo Nina ! » félicite Mathéo.
Hector est impressionné : « Un aventurier doit toujours oser... »

À présent, Nina tremble de froid, alors Hector sort de son sac un gros pull.

Les enfants marchent jusqu'à la vieille maison.
Elle est si effrayante qu'ils se cachent derrière le mur.
« Il faut aller sonner à la porte ? chuchote Nina
en frissonnant.
– Moi, je n'oserai jamais y aller, balbutie Hector,
il y a peut-être une sorcière... »

Mathéo retrousse les manches de sa chemise et déclare :
« Alors moi, j'y vais ! »

Mathéo s'avance et frappe à la porte. Elle s'ouvre dans un horrible grincement, et un vieux hibou apparaît. Mathéo dit d'une toute petite voix :
« Euh… Bon… Bonjour Monsieur, on cherche un indice pour la chasse au trésor… »

Alors le hibou fait un immense sourire.
Il prend la main de Mathéo
et y dépose une pomme :
« Voici l'indice. Maintenant,
à toi de trouver sa signification ! »

Soulagé, Mathéo rejoint ses amis en courant,
sans oublier de crier :
« Merci Monsieur ! »

Nina saute dans les bras de Mathéo.

Hector pense :
« Un aventurier doit être courageux... »
Et il se sent soudain un peu abattu.

« Que se passe-t-il, Hector ? » demandent Mathéo et Nina, étonnés.
Hector explique :
« Vous trouvez tous les indices. Moi, même avec mon sac d'aventurier, je ne sais rien faire. »

Nina dit doucement :
« Un aventurier doit aider les autres. Et toi, tu m'as déjà prêté ton pull pour ne pas que j'aie froid. Sans toi, je serais encore trempée. »

Hector reprend confiance et réfléchit :
« L'indice est une pomme. Il faut peut-être trouver un pommier ?
– Il y en a un dans le champ au bout du chemin ! » s'écrie Mathéo.

En arrivant dans le champ, les amis filent vers le pommier. Ils regardent partout : ils cherchent autour de l'arbre, inspectent le tronc, lèvent les yeux vers les branches. Mais il n'y a pas d'indice.

Soudain Hector a une idée:
« Peut-être faut-il grimper à l'arbre pour trouver l'indice ? »

Nina et Mathéo sont embêtés... Nina n'a pas peur d'être mouillée et Mathéo n'a pas peur des sorcières, mais aucun des deux ne s'imagine grimper dans un arbre.

Hector se dit que c'est le moment de prendre son courage à deux mains ! Il doit prouver qu'il est à la hauteur, et grimper aux arbres, il sait faire. Très vite, il se retrouve tout en haut.

Mais il n'oublie pas ce qu'a dit Nina : « Un aventurier doit aider les autres. » Il sort de son sac sa grande corde et l'attache solidement à la branche la plus haute. Puis il crie :
« Accrochez-vous, vous ne risquez rien ! »

Alors Mathéo et Nina, rassurés, arrivent à se hisser jusqu'à lui.
« Oh ! C'est beau ! dit Nina. Je suis contente d'avoir grimpé. »

Nina scrute les branches pour voir si un indice s'y cache.
Mathéo propose :
« Hector, tu devrais sortir tes jumelles. »
Avec ses jumelles, Hector observe le paysage.
Soudain, il s'exclame :
« Là-bas, regardez le toit de la cabane !
– Il y a une croix dessinée dessus ! remarque Mathéo.
– Le trésor doit y être caché ! » ajoute Nina.

Vite ! ils descendent et courent jusqu'à la cabane.
Ils ouvrent la porte. Ouf, ils sont les premiers !
Au fond de la pièce, se trouve un coffre en bois.
Les trois amis s'y précipitent.

Hector soulève le couvercle du coffre.
Il est rempli de bonnes choses ! Des biscuits au chocolat, du sirop de violette et des bonbons à la fraise !

La maîtresse arrive. Elle rit :
« Voilà les aventuriers les plus rapides du monde entier ! »
Les enfants des autres équipes poussent aussi la porte.
En voyant les rouges, ils sont déçus :
« Oh ! On a perdu... »

Mais Hector, très fier de leur travail d'équipe, propose :
« Et si on faisait un grand goûter tous ensemble ? »

Et oui ! Un aventurier doit aussi savoir partager !

Mes p'tits albums

la différence

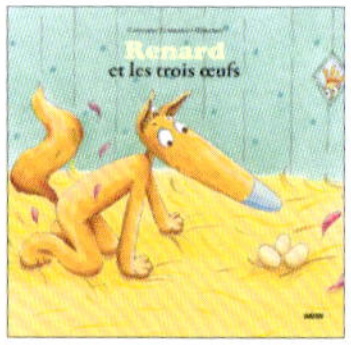

la confiance

devenir autonome

l'amitié

la solidarité

devenir grand

exprimer son émotion

devenir autonome

l'acceptation de soi

l'arrivée d'un petit frère
ou d'une petite sœur

l'acceptation de soi

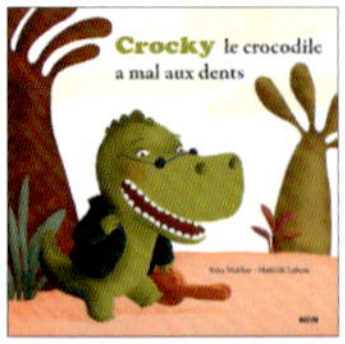

hygiène / santé

la peur de l'inconnu

la différence

l'obéissance

l'amitié

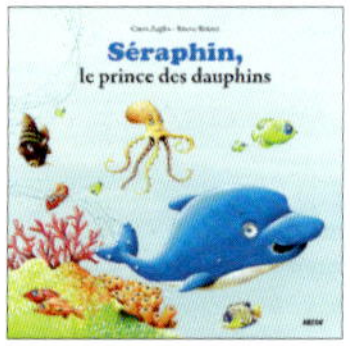

l'humilité

la solidarité

la peur du noir

l'entraide / l'amour

la générosité

l'entraide

la confiance en soi

la tolérance / la famille

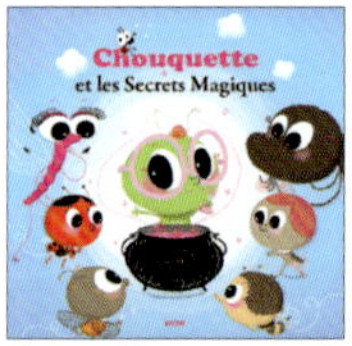

la confiance en soi

l'autonomie / la timidité

la rivalité entre
frères et sœurs

le mensonge

l'écologie / le respect

le déménagement

l'amitié / l'entraide

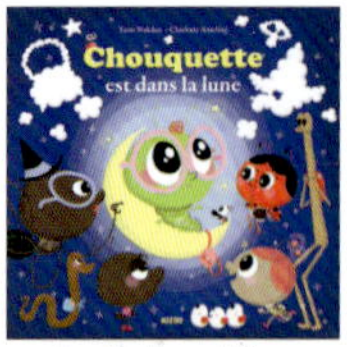

la distraction

la curiosité

les bêtises

la maladie / l'amitié

la différence

la jalousie / le talent

la différence /
le voyage / la famille

la naissance /
l'anniversaire

l'entraide / l'amitié

le courage / l'entraide

l'ennui

la peur de l'inconnu / l'amitié

le sommeil

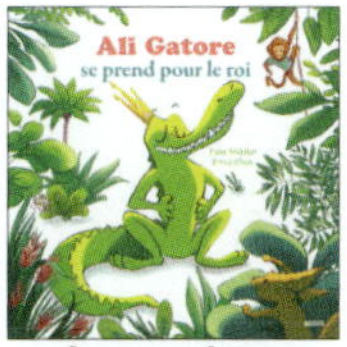

les caprices

le mensonge

Pâques

la colère

le handicap / la différence

Noël / l'entraide

la créativité

le mensonge

l'étourderie

l'entraide / les animaux de la banquise

perdre une dent / la petite souris